Black Butler

Inhalt

Am Morgen:
Dieser Butler und der Schmarotzer

JIPPIE! EINE SCHNEE-BALL-SCHLACHT!

HEUTE WERDE ICH MEINE FÄHIGKEITEN ALS STEINEWERFER AUSBAUEN!

Der Kopf ist zu riesig groß

TUMULT
TUMULT

Diese war allerdings von kurzer Dauer.

Und nachdem der Aufruhr um Jack the Ripper sich gelegt hatte, kehrte wieder Ruhe in London ein.

Im Winter ist England immer in eine dicke, schwere und graue Wolkenschicht gehüllt.

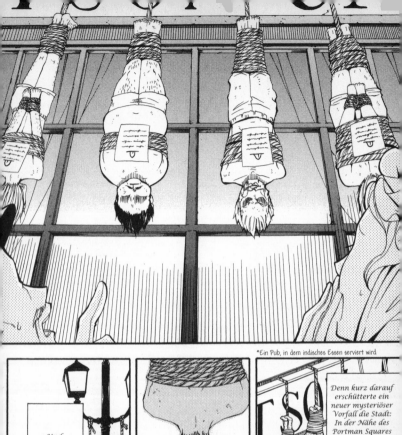

Und an sämtlichen Opfern war ein und dasselbe Pamphlet befestigt worden:

In der Folgezeit fand man in ganz London immer wieder Angehörige des aus Indien zurückgekehrten englischen Adels und Militärs, die auf dieselbe Art zugerichtet und zur Schau gestellt worden waren.

Denn kurz darauf erschütterte ein neuer mysteriöser Vorfall die Stadt: In der Nähe des Portman Squares fand man, fein säuberlich unter einem Vordach aufgereiht, einige im hindustanischen Kaffeehaus* verkehrende Anglo-Indians, die bis aufs Hemd ausgeraubt und kopfüber aufgehängt worden waren.

»Gebt acht, ihr Toren dieses von einer Hündin regierten Landes! Die Strafe des Himmels wird euch treffen!«

»Seht sie euch an, diese entartete, armselige Ausgeburt von Müßiggang und Dekadenz.«

»England ist das Land der Teufel. Es raubt dir alles, nur um dir seine wertlose, verrottete und arrogante Kultur aufzuzwingen.«

... so der Wortlaut.

ENTSCHULDIGEN SIE!! LEIDER NICHT!

HABEN SIE DIE TÄTER DENN IMMER NOCH NICHT GEFASST, ABBERLINE?

Polizeikommissar von Scotland Yard:
Fred Abberline

SCHON WIEDER! DAS IST JETZT BEREITS DER 20. VORFALL DIESER ART!!

Polizeipräsident von Greater London bzw. Chef von Scotland Yard:
Sir Arthur Randall

VERZEIHT, DASS ICH NOCH EIN »BENGEL« BIN.

BEI JACK THE RIPPER HABEN SIE AUCH SCHON VERSAGT UND DIESEN BENGEL ALLE LORBEEREN EINSTREICHEN LASSEN...

WIE SEID IHR DURCH DIE AB-SPERRUNG GEKOMMEN?

EARL PHANTOM-HIVE!

Ha!

ICH BIN HIER, UM DIE FEHLER DER UNFÄHI-GEN JAGD-HUNDE DER QUEEN AUS-ZUBÜGELN.

DAS LIEGT DOCH AUF DER HAND.

?

WAS HABT IHR HIER ZU SU-CHEN?

EARL PHAN-TOM-HIVE...

WAS FÄLLT EUCH EIN, EINFACH ...?!

!

DIE OPFER SIND SAMT UND SONDERS ANGLO-INDIANS.

UND BISHER GAB ES OFFEN-BAR KEINE TOTEN.

HEY ...

WOSH

SNATCH

VER-STEHE.

WÜRDE ES SICH UM REINE WEGE-LAGEREI HANDELN, WÄRE ICH SICHER NICHT GE-KOMMEN.

ABER DIESE FORTGE-SETZTE BE-LEIDIGUNG UNSERER KÖNIGIN KANN ICH UNMÖGLICH DULDEN.

Hmm...

DIE TÄTER NEHMEN JA KEIN BLATT VOR DEN MUND, WENN SIE VON »AUS-GEBURTEN VON MÜSSIGGANG UND DEKADENZ« REDEN.

ICH PER-SÖNLICH BIN AUCH DER MEINUNG, WENN ES DIE INDISCHEN PARVENÜS NICHT GÄBE, WÄRE ES UM UNSER LAND BESSER BESTELLT.

Tibet

Britisch-Indien...

Nepal

Bhubh

Oudh

Bengal

United Provinces

Orissa

Central Provinces

Nizam's Dominions

Madras

Mysore

Ceylon

Zur damaligen Zeit, als Indien noch eine britische Kolonie war, hatten sich ganze Scharen von Engländern in Indien niedergelassen.

9

Diejenigen, die nach England zurückkehrten, nannte man »Anglo-Indians«...

... und da die meisten von ihnen ihren verschwenderischen und mißigen Lebensstil auch hier nicht aufgaben, wurden sie gemeinhin als »indische Parvenüs« bezeichnet.

Denn während man sich in England als dritter oder vierter Sohn einer wohlhabenden Familie ...

... kein allzu luxuriöses Leben leisten konnte, konnte man in Indien von demselben Geld wie ein Adeliger in Saus und Braus leben.

DIE OBERSCHICHT ALSO... WAS FÜR EIN UNSINN!

SCHWEIG

NA, WIE AUCH IMMER.

WAS IST DAS FÜR EIN ZEICHEN ...?

SELBST WENN VIELE VON IHNEN TROTTEL SIND, DIE SICH IN INDIEN DEM LASTER UND DER VERSCHWENDUNG HINGEGEBEN HABEN, SO SIND SIE DOCH IMMER NOCH ANGEHÖRIGE DER BRITISCHEN OBERSCHICHT.

UND DIE ZU BESCHÜTZEN IST NUN MAL UNSERE PFLICHT!

DER KERL MACHT SICH ÜBER UNSERE KÖNIGIN UND SÄMTLICHE BRITEN LUSTIG! ER VERHÖHNT UNS...!!

Ahaaa!

DESWEGEN WURDE ICH ALSO GERUFEN.

Polizeipräsident Randall, beruhigen Sie sich doch...

UND DASS SIE ES NUR AUF ANGLO-INDIANS ABGESEHEN HABEN, IST EIN SICHERES ZEICHEN DAFÜR, DASS DIE TÄTER DRECKIGE KLEINE INDER SIND.

BAR-BAREN !!

KRSHL

GNNN

DIE ILLEGALEN EINWANDERER AUS INDIEN HABEN SICH ZUM GRÖSSTEN TEIL IM EAST END NIEDERGELASSEN.

UND DIE CITY POLICE SCHEINT ES AUFGEGEBEN ZU HABEN, DIE UNTERWELT IM EAST END IN DEN GRIFF ZU BEKOMMEN.

ES IST NÄMLICH NICHT EINFACH, DIE ILLEGALEN EINWANDERER ZU IDENTIFIZIEREN, DA WEDER IHRE ANZAHL NOCH DIE SCHLEUSERROUTEN BEKANNT SIND.

ALSO WERDE ICH AUF EIGENE FAUST ERMITTELN ...

... UND UMGEHEND IN MEINE VILLA ZURÜCKKEHREN.

HAST DU DIE FAKTEN IM KOPF, SEBASTIAN?

JA.

SEHR WOHL.

GEHEN WIR, SEBASTIAN!

Vielen Dank!

POLIZEI-PRÄSIDENT! WER UM ALLES IN DER WELT WAR DIESES KIND...?

IN DIESEM LAND GIBT ES EIN SPEZIELLES EXEKUTIVORGAN, DAS DIREKT DER KÖNIGIN UNTERSTEHT UND VOR DER ÖFFENTLICHKEIT GEHEIM GEHALTEN WIRD.

... ABBERLINE.

NACH ALLEM, WAS SIE GEHÖRT HABEN, KANN ICH SIE WOHL AUCH GANZ EINWEIHEN ...

... WESHALB SIE AUCH DIE »WACHHUNDE DER KÖNIGIN« ODER DIE »RUCHLOSEN ADLIGEN« GENANNT WERDEN.

DIE EARLS VON PHANTOMHIVE DIENEN DER QUEEN BEREITS SEIT GENERATIONEN...

DIE »PHANTOMHIVES«.

JEDES LAND, IN DEM ES EINE GESELLSCHAFTLICHE WELT GIBT, HAT AUCH EINE UNTERWELT.

GROSSBRITANNIEN IST DA KEINE AUSNAHME.

WIESO DENN »RUCHLOS«? WENN SIE DEM KÖNIGSHAUS DIENEN, SIND SIE DOCH WIE WIR.

NEIN!

GANZ SO EINFACH IST ES LEIDER NICHT.

... BEZIEHUNGSWEISE DIE MITGLIEDER DER UNTERWELT DES GANZEN LANDES ...

... DIE UNTERWELT DES EAST ENDS ...

... DAVON ABZUHALTEN, IN DIE GESELLSCHAFTLICHE WELT EINZUDRINGEN, SIE UNTER KONTROLLE ZU HALTEN, ZU VERWALTEN UND IHRE GEWALTIGE MACHT IN DIE GEWÜNSCHTEN BAHNEN ZU LENKEN.

... IST DER DERZEITIGE »EARL PHANTOMHIVE«.

UND DIESER BENGEL ...

DIE PHANTOMHIVES SIND EIN ORGAN, DAS IM DUNKELN AGIERT, DIE ZAHLREICHEN MISSETATEN DES KÖNIGSHAUSES VERSCHLEIERT UND DIEJENIGEN, DIE DEM KÖNIGSHAUS SCHADEN, MIT ALLEN MITTELN – UND SEIEN SIE NOCH SO SCHMUTZIG – BESEITIGT.

EIGENTLICH SIND SIE EIN »PHANTOM«, DAS NIEMAND ZU GESICHT BEKOMMEN DARF, UND DAZU DA...

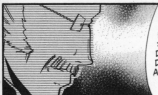

ER NUTZT DIE KRÄFTE DES »BÖSEN«, UM DIE BEFEHLE DER KÖNIGIN AUSZUFÜHREN...?

ALSO IST ER DAS GEGENTEIL VON UNS...?

ER IST EIN TEUFEL.

EIN KIND IST ER GANZ SICHER NICHT.

NICHT DER.

DIESES KIND?

WIR SIND DA.

JUNGER HERR.

15

ICH HABE EUCH DIE VERWALTUNG VON CHINATOWN ANVERTRAUT.

UND IHR FÜHRT DOCH SICHER GENAU BUCH DARÜBER, WER IN DIESEM VIERTEL EIN UND AUS GEHT!

Ja.

Also hört auf, Opium zu rauchen!

Stimmt's?

NICHT WAHR, RAN-MAO?

ICH MAG ES NICHT BESONDERS, WENN MAN MICH SO NENNT.

DAS HÖRT SICH SO STEIF AN.

DAS IST DOCH DER PREIS DAFÜR, DASS DU MICH IN DER UNTERWELT DIESES LANDES GESCHÄFTE MACHEN LÄSST.

NATÜRLICH, WIE DU ES MIR BEFOHLEN HAST.

Das ist nur Menthol.

KTONK

?

ALSO.

BEVOR ICH ANTWORTE, MUSS ICH DICH NOCH ETWAS FRAGEN, EARL.

...VER-STEHE.

ER HAT WIEDER MAL NUR INS BLAUE HINEIN-GERA-TEN.

War ja klar.

GONG

IHR ELEN-DER...

UM WELCHEN FALL GEHT ES DENN?

Das fragt Ihr mich jetzt?

WO IST DENN NUN DAS VIER-TEL, IN DEM DIE INDER WOHNEN?

WIR SIND SCHON ZIEMLICH WEIT GELAU-FEN.

SPÄH

SCHWEIGT ENDLICH!

ICH BE-NEIDE DICH WIRK-LICH NICHT, EARL.

DU MUSST EIN EXEM-PEL STATU-IEREN, RICH-TIG?

DENN AUCH WENN SIE NIEMAN-DEN GETÖ-TET HABEN, SO SIND IHRE OPFER DOCH AUSNAHMS-LOS MITGLIE-DER DER OBERSCHICHT UND DES MILITÄRS.

UND NUN MUSST DU DIE SCHLINGEL NATÜRLICH FASSEN.

Ha Ha Hä...

Ups!

Ich Trottel... ★

ICH WAR SO INS GESPRÄCH VERTIEFT, DASS ICH MICH GLATT VERLAU-FEN HABE.

VER-DAMMT NOCH MAL....

HM?

19

DU BIST GANZ SCHON PRÄCHTIG GEKLEIDET FÜR DIESE GEGEND, KLEINER!

EIN ADLIGER, WAS?

OFFENBAR SIND WIR IN DER GEWALT EINES RECHT STUREN HALUNKEN, HERR.

...

AM BESTEN ZIEHST DU DICH GLEICH HIER AUS UND ÜBERLÄSST MIR DEINE KLAMOTTEN!!

FÜR DEN ZUSAMMENPRALL EBEN VERLANGE ICH SCHMERZENSGELD!!

SEHR WOHL, HERR.

ZUPF

WAS WOLLT IHR TUN?

NICHTS! LOS, SCHAFF SIE MIR AUS DEM WEG!!

IHR HABT WOHL VERGESSEN, DASS DIE INDER HIER EINEN ZIEMLICHEN HASS AUF EUCH ADLIGE HABEN?

HÖRT, HÖRT!

SEHR RICHTIG!!

STIMMT!

IHR ENGLÄNDER DENKT DOCH ALLE NUR AN EUCH SELBST!!

ERST HOLT IHR UNS IN EUER LAND UND DANN WERFT IHR UNS WEG WIE EINEN ALTEN SCHUH!

GENAU!!

WILLST DU MICH ZUM DUELL HERAUS-FORDERN, ODER WAS?

HEY, IGNO-RIERE MICH GEFÄL-LIGST NICHT!

BIST DU...

... EIN ENG-LISCHER ADLIGER?

PUSH

HEY!

DER KERL WIRD VON EINEM BUTLER BEGLEI-TET...

WENN DAS SO IST, DANN SCHLAGE ICH MICH AUF DIE SEITE MEINER LANDSLEUTE!

UND WENN ES SO WÄRE?

AGNI!

ERLEDIGE DIE BEIDEN!

JA?

DIESE RECHTE HAND IST EIN GOTTESGESCHENK ...

SIE WIRD EUCH BESCHÜTZEN.

JO AAGYA*!

SST

SLU

SH

*HINDI: »EUER WUNSCH SEI MIR BEFEHL.«

DOSH

GNRK

WHOH!

ACK

FJUPP

TRAPP
TRAPP
TRAPP
TRAPP
TRAPP

HIER GE...

Ich verarzte dich gleich.

SORRY, LANDS-MANN!

SWIIISH

TAMP

GUMPF

SEID IHR VERLETZT?

HEY, IHR!

BAAAFF

SO, UND NUN MUSS ICH GEHEN UND MEINE PERSONENSUCHE FORTSETZEN.

BUFF

UND NUN ZU DIR.

ALS KIND TREIBT MAN SICH NICHT IN SO ÜBLEN GEGENDEN HERUM.

?!

N... NEIN...

BAAAFF

Natürlich. Ich bin schließlich ein Kind der Götter.

Ihr wart wirklich großartig, mein ☆ Prinz!

VERNEIG

ALSO DANN...

FWOSH

WAS FÜR EINE ZEIT- UND ENERGIE- VERSCHWEN- DUNG...!

Und dann fängt es auch noch an zu schneien...

IMMERHIN KÖNNTE ES SEIN, DASS DIE TÄTER UNTER IH- NEN SIND.

ALSO WARTEN WIR ERST EINMAL DEN BERICHT VON POLIZEI- PRÄSIDENT RANDALL AB.

Beim Verhör

SCHWUPP

DER JUNGE HERR!

Da ist er!!

WILL- KOMMEN ZU HAUSE!!

Ha, ha...

Verdammt!

WENN DIE QUEEN VERHÖHNT ODER BE- DROHT WIRD, MUSST DU NUN MAL BELLEN.

ALS WACH- HUND DER KÖNIGIN HAT MAN ES EBEN NICHT LEICHT, EARL.

WAS FÄLLT DENEN EIN, MICH FÜR EI- NEN DERART NICHTIGEN FALL NACH LONDON ZU ZITIEREN?!

Auch wenn ich es sehr schätze, dich ab und zu zu treffen...

TRETET RUHIG NÄHER.

EINEN ECHTEN PRINZEN SEHE ICH ZUM ERSTEN MAL.

E...EIN PRINZ...

BLUSH

SCHERT EUCH RAUS!

PLAPPER

WAS IST DIESES KÖNIGREICH BENGALEN, ODER WIE DAS HIESS, DENN FÜR EIN LAND?

EIN HEILIGES LAND, DAS DIE GUNST DER GÖTTIN KALI UND DES FLUSSES GANGES GENIESST.

IHR SEID DER PRINZ DES HEILIGEN LANDES?

...

PLAPPER

JA, DER PRINZ VON OST-INDIEN.

PLAPPER

Ha Ha Ha...

Hörst du, da gibt's Tiger! Auch wenn ich noch nie welchen gegessen habe.

DEIN DIES-MALIGER AUFENTHALT IN LONDON SCHEINT JA RICHTIG AUF-REGEND ZU WERDEN, EARL.

...

PLAPPER

Black
Butler

Am Mittag:
Dieser Butler und die Fremden

WA...

WAS MACHST DU DENN IN MEINEM ZIMMER?!

NAMASTE*...

MR CIEL, SIR!

TOCK TOCK

KLACK

DAS FRÜHSTÜCK IST FERTIG.

ENTSCHULDIGUNG!

*HINDI: »ICH VERBEUGE MICH VOR DIR.«

SCHLUNZ

BAFF

HIER GEHT ES JA SCHON FRÜHMORGENS HOCH HER!

Gyahah!

Waaah!

Lass mich runter, ich kann selbst laufen!

GYAH! GYAH!

Kommt, Sir!

JUNGER HE...

BEEILEN WIR UNS, SONST WIRD DAS FRÜHSTÜCK KALT!

MOMENT MAL!

WAS SOLL DAS EIGENTLICH?!

47

NICHT DOCH.

ABER IHR SEID UNSER GAST UND SOLLTET ES EUCH BEQUEM MACHEN!

ICH HABE MIR ERLAUBT, ALLES HERZU-RICHTEN!

AH!

WAS HAT DAS ZU...

STRAHL

Heiligen-schein

STARR

MR AGNI ...

DER PRINZ IST EUER GAST, ABER ICH...

... BIN NUR EIN EINFACHER BUTLER.

UND ALS SOLCHER WERDE ICH EUCH NATÜRLICH ZUR HAND GEHEN, MR SEBASTIAN!

SMILE

SCHIEL

DANN KÖNNTET IHR WENIGSTENS EINEN TEIL WIEDERGUTMACHEN.

WIE WÄR'S, WENN IHR DREI AUF DIE KNIE FALLEN UND MR AGNI DEN SCHMUTZ UNTER DEN FINGERNÄGELN ENTFERNEN WÜRDET?

... UND?

Waaah

PAH

ICH WILL AUCH WELCHEN!

HUCH? ABER WIESO DENN?

ICH WILL AUCH DRECK!

Waaah

HER MIT DEM FINGERNAGELDRECK!!

Waaah

Ho Ho Ho Ho

WIE LANGE WOLLT IHR NOCH HIER-BLEIBEN?

Das heutige Frühstück: Garnelen-Curry und French Toast mit Ingwer

MEINST DU DIESE PERSONEN-SUCHE?

EURE MIS-SION?

Grrr

MAMPF

MAMPF

BIS UNSERE MISSION ERFÜLLT IST.

HABT IHR ETWA AUCH HIER ÜBERNACH-TET?

GENAU.

Ha, ha, ha, warum nicht.

ICH SUCHE EINE FRAU.

DIESE FRAU!

TADAAA

KRAM KRAM

KNURPS

KNURPS

DIESES BILD...

DAS HAB ICH GE- ZEICH- NET.

ICH HAB SIE WIRK- LICH GUT GETROFFEN, GENAU SO SIEHT SIE AUS! IST SIE NICHT WUN- DERSCHÖN?

IHR NAME IST MEENA.

SIE WAR DIENERIN IN MEINEM PALAST.

Ha Ha

Hmm...

SO EINE SCHÖNHEIT HABE ICH JA NOCH NIE GE- SEHEN...!

ICH TUE AUCH ALLES, WAS IN MEINER MACHT STEHT

... UM DIR DABEI ZU HELFEN.

SEEEUFZ

SE- BASTIAN! KANNST DU SIE ANHAND DIESES BILDES FINDEN ...?

... UND ...

... WIESO IST DIESE FRAU JETZT IN ENG- LAND ?

RÜLPS

Danke für das Mahl.

NATÜRLICH NICHT! SIE WAR DIE SCHÖNSTE FRAU IN MEINEM PALAST, UND DAS WILL ET- WAS HEISSEN!

HÖRT MIR GE-FÄLLIGST ZU!!!

HONYARA...

HONYARA...

Irgendein Gebet. (So hört es sich für Ciel und die anderen an.)

Sehr richtig.

FÜR MICH IST DAS DIE STATUE EINER FRAU, DIE EINEN ABGEHACKTEN KOPF IN DER HAND HÄLT, EINE KETTE AUS ABGEHACKTEN KÖPFEN TRÄGT UND EKSTATISCH AUF DEM UNTERLEIB EINES MANNES HERUMTANZT.

SIE BETEN WOHL. UND DER GEGENSTAND IHRER VEREHRUNG IST RECHT SURREAL.

WAS IST DENN PLÖTZLICH IN EUCH GEFAHREN?

Und woher kommt die Statue?

... MEHR SEHE ICH DARIN NICHT...

GEGENSTAND DER VEREHRUNG...?

UNSERE KALI IST DIE GEMAHLIN DES GOTTES SHIVA UND EINE SEHR MÄCHTIGE GÖTTIN.

Sie bewahrt uns vor Unheil und bringt uns noch viele andere Vorteile.

Sehr vage.

DAS IST EIN INDISCHER GOTT?

DIESE STATUE STELLT DIE HINDUISTISCHE GÖTTIN KALI DAR, DEREN ANHÄNGER WIR SIND.

NATÜRLICH HAT KALI DIESEN KAMPF GEWONNEN.

IN ALTER VORZEIT ... ... WAR EIN TEUFEL SO UNBESONNEN, SIE ZUM KAMPF HERAUSZUFORDERN.

SELBST DEN ANDEREN GÖTTERN GELANG ES NICHT, KALI AUFZUHALTEN. UND ALS SIE MIT IHRER WEISHEIT AM ENDE WAREN UND DIE ERDE AM RANDE DES ABGRUNDS STAND...

DANN RICHTETE SIE JA MEHR SCHADEN AN, ALS JENER TEUFEL ES JE GETAN HÄTTE.

ABER IHR ZERSTÖRUNGSDRANG BERUHIGTE SICH AUCH NACH DER SCHLACHT NICHT...

... UND SO VERBRACHTE SIE IHRE ZEIT FORTAN MIT VERWÜSTUNG UND MORD.

Wow!

... IN DIESEM MOMENT ...

Sie tötete immer weiter, machte Ketten aus den Köpfen ihrer Opfer, trank ihr Blut etc...

DER GATTE SIEHT RECHT SCHWERFÄLLIG AUS.

Wahrscheinlich kam er zu spät.

Ich dachte, das wär ein Ehestreit!

ACH DESHALB TANZT SIE AUF IHM RUM.

Oh jaaa...

... LEGTE IHR MANN SHIVA SICH ZU IHREN FÜSSEN NIEDER, UM DIE ERDE ZU RETTEN.

KURZUM, KALI IST EINE ÄUSSERST MÄCHTIGE GÖTTIN, DIE IN EINEM KAMPF AUF LEBEN UND TOD EINEN TEUFEL BESIEGT HAT...

Tut mir leid, Schatz!

Herrje!

Ha, ha, ha, du kleiner Wildfang.

ALS SIE IHREN EHEMANN MIT UNREINEN FÜSSEN BERÜHRTE, WAR DER BANN GEBROCHEN, KALI KAM ZUR BESINNUNG UND AUF DER ERDE KEHRTE WIEDER FRIEDEN EIN.

? ?

... DANN MUSS ICH MICH WOHL IN ACHT NEHMEN, WENN ICH IN DIESES LAND REISE.

WENN ES IN INDIEN SO EINE MÄCHTIGE GÖTTIN GIBT...

... SO DIE LEGENDE.

... UND ALS BEWEIS DAFÜR SEINEN FRISCH ABGEHACKTEN KOPF IN DER HAND HÄLT.

TRIIIEF

... ALSO!

Buuuh...

MIT AN-DEREN WORTEN, ICH BIN BESCHÄFTIGT.

AM BESTEN SUCHST DU NACH DEINER DIENERIN.

Gott sei Dank.

10:00 AM
Violinenunterricht

... AN STELLE DER DAMEN PRIVATLEH-RERINNEN IM VIOLINEN-SPIEL UNTER-WEISEN.

WÄHREND UNSERES AUFENT-HALTES IN LONDON WERDE ICH EUCH...

← Von Kopf bis Fuß Privatlehrer

EIN STÜCK MIT SO HOHEM SCHWIE-RIGKEITS-GRAD...

Uff...

BACHS CIAC-CONA* ...?!

Partita II
BWV 1004

Ciaccona

ALS ERSTES WERDEN WIR UNS DIE PARTITA II AUS DEN ›SONATEN UND PARTITEN FÜR VIOLINE SOLO‹ VOR-NEHMEN UND ÜBEN.

*BEZEICHNUNG FÜR DAS FÜNFTE STÜCK DER PARTITA II IN D-MOLL AUS
J. S. BACHS ›SONATEN UND PARTITEN FÜR VIOLINE SOLO‹

WENN IHR DIE SCHWIERIGEN STÜCKE ZUERST MEISTERT, WIRD DAS EUER SELBSTVERTRAUEN NUR STÄRKEN.

Hi Hi Hi

ZUPP

... KANN ICH NICHT ...

!

HIER IN LONDON BIN ICH EUER LEHRER UND LEGE DIE REGELN FEST!

Und ich bin nun mal ein Anhänger der spartanischen Erziehung.

ZAUDER

SEHR GUT.

...

SMILE

ODER HABT IHR ETWAS GEGEN MEINE UNTERRICHTSMETHODE EINZUWENDEN?

UND NUN LEGT DEN BOGEN AN!

GNNN

GENAU SO. SEHR GUT.

DAS WICHTIGSTE BEI STÜCKEN IN D-MOLL IST ES, EINEM GEFÜHL DER FEIERLICHKEIT UND FRÖMMIGKEIT AUSDRUCK ZU VERLEIHEN.

UND IM NÄCHSTEN MOMENT WIEDER ZORNIG KLINGEN.

GENAU ...

DZUN DOKO DZUN DOKO DOKO DZUN

SHRUM SHRUM

SIE MÜSSEN ÄUSSERST GEFÜHLVOLL GESPIELT WERDEN.

SHRUM SHRUM

HM?

HEY! WAS MACHT IHR DENN HIER?

DZUN DOKO DZUN DOKO SHRUM SHRUM SHRUM

ZUMAL ICH SELBST EIN MEISTER DER SAITENINSTRUMENTE BIN.

Was für kuriose Instrumente!

ICH DACHTE MIR, HEUTE LEISTE ICH DIR NOCH MAL GESELLSCHAFT, CIEL.

UND NUN ZUM ZEICHEN-UNTER-RICHT.

SCHER EUCH RAUS!

FLUMP

11:00 AM
Zeichenunterricht

WAS DENN, ICH SOLL EINE FLASCHE ZEICHNEN? DAS IST DOCH LANG-WEILIG!

ACHTET BITTE AUF EINE AUS-GEWOGENE BALANCE UND AUS-REICHEND TIEFE!

Darf ich behilflich sein?

I... ICH ZIEHE MICH NUR FÜR DEN MANN, DEN ICH LIEBE, NACKT!

ZIEH DICH AUS!

BISH

LOS, WEIB!

WENN SCHON, DANN ZEICHNE ICH EINEN AKT!

DIE SAMPLES FÜR DIE LIMITIERTEN WEIHNACHTS-ARTIKEL AUS EURER FABRIK IN YORKSHIRE SIND EINGE-TROFFEN.

FLUMP

SCHERT EUCH RAUS!!

1:00 PM
Arbeit für die Firma Funtom

PAMM

DIE VERKAUFS-ZAHLEN FÜR DIE NEUEN WEIHNACHTS-KEKSE BEI HARRODS SEHEN GUT AUS.

DIE PRO-DUKTIONS-PLÄNE FÜR DAS KOM-MENDE JAHR AUS DER FIRMENZEN-TRALE SIND EBENFALLS EINGE-TROFFEN.

MH!

ES HAT SICH GELOHNT, SIE UM-ARBEITEN ZU LASSEN. JETZT FÜH-LEN SIE SICH GUT AN!

MAG SEIN, ABER KINDER SIND ANSPRUCHS-VOLLE KUN-DEN. DENEN MUSS MAN JEDES JAHR ETWAS NEU-ES PRÄSEN-TIEREN.

KUSCHEL

REIN

PLATZ

SIEH SELBST!!

ENTWURF

Ups!

UND GENAU DESHALB HABE ICH MIR ETWAS GANZ TOLLES FÜR DICH EINFALLEN LASSEN!!

60

DER RÜSSEL...

EINE ELE-FANTEN-PUPPE NACH DEM VORBILD DES IN-DISCHEN GOTTES GANESHA!

UND DAS BESON-DERE:

ENTWURF:

WOSH

... BE-WEGT SICH!

FLUUUMP

SCHERT EUCH RAUS!!!

WANN BIST DU DENN ENDLICH FERTIG?

SAG MAL...

DABEI KANN SICH DOCH KEIN MENSCH KONZENTRIEREN!!

Grrr

Grrr

Grrr

Grrr

AAARGH!

RUHEEE!!!

Sag mal...

WAS TUST DU DA EIGENTLICH?

HEY, SAG DOCH MAL!

Na los! Sag schon! Sag schon!

2:00 PM Fechtunterricht

SNATCH

NA SCHÖN!

WIE DU WILLST!

Buuuh...

OCH MANN, DAS IST DOCH KEIN GRUND, GLEICH SO WÜTEND ZU WERDEN!

62

SCHNAPP

FL♪NG

WENN DU UNBEDINGT WILLST, DASS ICH MICH UM DICH KÜMME-RE, DANN FICHT GE-GEN MICH!

NA, WAS SOLL'S.

SWIWISH

DIE EINZIGEN KAMPFKÜNSTE, DIE ICH KENNE, SIND KALA-RIPPAYAT* UND SILAMBAM*.

*INDISCHE KAMPFKÜNSTE

FALLS DU GE-WINNST.

UND WENN DU VERLIERST, WIRST DU MICH FORTAN IN RUHE LASSEN!

ABER WENN ICH DAMIT GEGEN DICH GE-WINNE...

...UNTER-NIMMST DU WAS MIT MIR, OKAY?

64

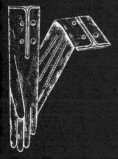

Black
Butler

Am Nachmittag:

Dieser Butler und der Rivale

MEINE GUTE!

SCHN APP

DIE DEGEN SIND ZERBRO-CHEN.

SEBAS- TIAN!

Puh...

DAS BERU- HIGT MICH.

IST DER KERL...

...VIEL- LEICHT AUCH EIN...

WAS GENAU... IST DER KERL EI- GENTLICH?

NEIN, DIESER MANN IST EIN MENSCH.

KICHER

Einer von denen...?

DOCH NICHT ETWA SCHON WIEDER ...

Ich bin ein Schnitter, der Tod!

KANNST DU NICHT EINFACH MAL DEN MUND HALTEN ...?!

Haaach...

HÖRST DU MIR ÜBERHAUPT ZU, SEBASTIAN?!

GYAH!!

GYAH!!

MR SEBASTIAN!

DARF ICH KURZ STÖREN?

SCHLUNZ

LETZTENDLICH HAT SICH UNSER ZEITPLAN UM GANZE 30 MINUTEN NACH HINTEN VERSCHOBEN...

Los, kämpf!

Hh! Hh!

Na hey, was soll das?! Ich wollte heute extra meine Spezialität...

Hey, warte!

WOLLT IHR ES EUCH NICHT LIEBER BEQUEM MACHEN?

MR AGNI ...

WENN ICH EUCH IRGENDWIE BEHILFLICH SEIN KANN, DANN SAGT ES MIR BITTE...

ABER ZU ZWEIT SIND WIR DOCH VIEL SCHNELLER FERTIG!

ALSO BITTE, VERFÜGT EINFACH ÜBER MICH!

NA SCHÖN...

DÜRFTE ICH EUCH DANN BITTEN, DEN COTTAGE PIE UND DIE STACHELBEER-SOSSE FÜR DEN FISCH HEUTE ABEND VOR-ZUBEREITEN?

SICHER!

KLAPP

↓ JE NACH REGION ESSEN INDER WEDER SCHWEIN NOCH RIND

Da ihr aus Indien seid.

Cottage Pie

VIELEN DANK FÜR EURE UMSICHT.

STATT RINDER-HACK NEHMEN WIR LIE-BER HUHN FÜR DEN COTTAGE PIE.

Es ist von mir...

DAS REZEPT IST HIER.

KRONK

PAH!

FLUMP

Hey!

WIESO DARF DER KERL DIR HELFEN UND ICH BIN NUR IM WEG?!

Husch, husch.

Du bist nur im Weg.

UND DU RÄUMST DAS FELD, BARD!

So

Ich weiß gar nicht, wo mir der Kopf steht...

HACK HACK HACK HACK HACK

HIYAAAH!

WIE DAS DUUUFTET!

KLACK

Das tue ich!!

Du kannst dich auf mich verlassen!!

SCHLIESS-LICH BIN ICH DER KÜCHEN-CHEF!!

NICHTS LEICH-TER ALS DAS!!

WAS? ICH?!

WÜRDEST DU MIR HELFEN, DAS DINNER VORZUBE-REITEN?

AH, JUNGE! DU KOMMST GERADE RECHT.

WAS GIBT ES DENN ZUM ABEND-BROT?

Gekochte Kartoffeln

DAMPF
DAMPF

DIESE KAR-TOFFELN MÜSSEN MIT EINEM LÖFFEL ZER-QUETSCHT UND DURCH EIN SIEB PASSIERT WERDEN.

DU HAST BÄREN-KRÄFTE? NA WUN-DERBAR!

AH... ABER... SEBASTIAN HAT GESAGT, ICH SOLLE IN DER KÜCHE NICHTS ANFASSEN MIT MEINEN BÄREN-KRÄFTEN...

SCHNAPP

VORSICHT!!

GYAH...

ÄÄÄH... GROSSE TELLER UND SALAT- TELLER UND...

UWAAAH!!

PUTSCH

KIPPEL

Geschirr- kammer

Fürsorglich

FÜR EINE FRAU SIND DIESE GROSSEN TELLER SICHER SCHWER.

VIEL- LEICHT SOLLTEST DU SIE LIEBER EINZELN HERUNTER- HOLEN, DAS IST SICHERER.

BIST DU AUCH NICHT VERLETZT, MISS MAID?

FUPP

Ne...

NEIN DANKE.

NICHT AUSZU- DENKEN, WENN DU FALLEN UND DICH VERLETZEN WÜRDEST!

WIE SIEHT ES AUS, MR AGNI?

KOMMT IHR ZU- RECHT?

J...

...JA...

Stimmt richtig...

STAUN

96

Ah!

JUCHZ

JUCHZ

JUCHZ

JUCHZ

OH JA.

ICH DENKE, WIR SCHAFFEN DAS SCHON.

SIEH MAL, SEBASTIAN!! DIE KARTOFFELN FÜR DEN PIE HAB ICH GESTAMPFT!!

Ho Ho Ho

DAS GESCHIRR STEHT AUCH VORBEREITET!

BLUSH

Ich habe alles gepoliert.

Ähem!

Schließlich bin ich der Küchenchef!

UND ICH HABE DIE ZWIEBELN GEWÜRFELT UND MACHE JETZT DIE BEILAGEN!

→ Gekochtes Gemüse

BAFF

ÄHEM!

MIT HILFE DIESER DREI WIRD DER PIE SICHER LECKER.

Ho Ho

SIE SIND SEHR NETT UND ARBEITEN AUSGEZEICHNET.

NUN JA, SIE SIND SICHER KEINE SCHLECHTEN MENSCHEN, ABER...

Schön vorsichtig!!

Die Platte ist hier da.

Jetzt stürzen wir den Pie auf eine Platte!

ÄÄÄH... BEWUNDERNSWERT, DASS IHR SIE DAZU GEBRACHT HABT, SICH NÜTZLICH ZU MACHEN.

?

MR SEBASTIAN?

ICH BIN SPRACHLOS...

IHR SEID WIRKLICH EIN WEISER MANN, MR AGNI.

Dass es so etwas wie Euch gibt...

... UND WURDE VON DEN GÖTTERN ZU ETWAS BERUFEN.

JEDER MENSCH HAT ANGEBORENE TALENTE. JEDER HAT SEINEN WEG...

Kyah

Kyah

...

WIR GOTTESKINDER MÜSSEN DIESER BERUFUNG NUR FOLGEN...

... UND DAS TUN, WAS WIR KÖNNEN.

OH NEIN, KEINESWEGS!!

98

ICH STEHE MEIN LEBEN LANG TIEF IN SEINER SCHULD...

... BEVOR ICH DEM PRINZEN BEGEGNET BIN, WAR ICH EIN KOMPLETTER DUMMKOPF.

... DA ICH BEI EINEM VATER AUFWUCHS, DER NUR DEM NAMEN NACH PRIESTER, IN WAHRHEIT ABER EIN GIERIGER SNOB WAR, WOLLTE AUCH ICH DEN GOTTERN NICHT DIENEN.

ABER ...

ICH UND MEINE FAMILIE GEHÖREN DER OBERSTEN KASTE* AN, DER PRIESTERKASTE, DIE DEM GOTT BRAHMA DIENT.

Brahmanen
(Priester)

Kshatriyas
(Fürsten und Krieger)

Vaishyas
(Bürger)

Shudras
(Diener und Sklaven)*

*DAS KASTENSYSTEM = EIN STRENGES HIERARCHISCHES SYSTEM, DAS DIE HINDUISTISCHE GESELLSCHAFT IN VIER STÄNDE EINTEIL'

STATTDESSEN NUTZTE ICH DIE VORTEILE MEINES STANDES AUS UND GAB MICH TAG FÜR TAG DER SÜNDE HIN.

...

Bis schließlich der Tag kam, an dem ich für meine Sünden bestraft werden sollte...

ICH VERLETZTE MENSCHEN...

... BEGING GOTTESLÄSTERUNG...

VOLLSTRECKT DIE TODESSTRAFE AN ARSHAD, DEM PRIESTERSOHN!

... UND EIN VERBRECHEN NACH DEM ANDEREN...

Ich hatte mein Leben weggeworfen. Aber dann ...

TUMULT

HEY, DU DA!

Ich fühlte weder Bedauern...

... noch glaubte ich an die Götter.

100

ZSCH
ZSCH

MR AGNI! DAS ESSEN KOCHT ÜBER!

AN JENEM TAG SAH ICH WAHR-HAFTIG, WIE DER ERHABE-NE SCHEIN DER GÖTTER AUS DEM PRINZEN AUF MICH HERAB-STRAHLTE!!

Oh ja

Er ist wie Rama und Krishna!!

Verzeiht!

Ein Gott...?

DER PRINZ IST MEIN KÖNIG UND MEIN GOTT.

SEITDEM DIENE ICH DEM PRINZEN.

KYAH!
KYAH!

Ist gut, okay!

Zum Schluss kommt ein Fähnchen drauf.

Nicht so viel!

UND ICH WÜRDE ALLES TUN, UM IHM SEINE WÜNSCHE ZU ERFÜLLEN.

ICH WÜRDE MEIN LEBEN GEBEN, UM IHN, DER MIR EIN NEU-ES LEBEN GESCHENKT HAT, ZU BE-SCHÜTZEN.

NEIN, NEIN, SCHON GUT.

?

HABT IHR ETWAS GESAGT?

MURMEL

FÜR EINEN GOTT IST ER ABER EIN ZIEM-LICHER TAUGE-NICHTS.

103

WOZU DAS FÄHNCHEN ...?

... UND WER...

... IST DIESE FRAU, DIE DU SUCHST, NUN WIRKLICH?

Das heutige Dinner: Makrele in Stachelbeer-soße mit Cottage Pie

SIE WAR MEIN KAMMER-MÄDCHEN UND IM GRUNDE SO ET-WAS WIE MEINE AMME.

SEIT ICH DEN-KEN KANN, WAR SIE IMMER AN MEINER SEITE.

... WAR ICH IM PALAST DIE MEISTE ZEIT ÜBER ALLEIN...

HAMPF

UND DA MEIN VATER SICH NICHT FÜR MICH INTERES-SIERTE...

HAMPF

... UND MEINE MUTTER ZU SEHR DAMIT BESCHÄFTIGT WAR, DIE AUF-MERKSAMKEIT MEINES VATERS AUF SICH ZU LENKEN...

104

SOLANGE SIE DA WAR, FÜHLTE ICH MICH NIE EINSAM.

ICH LIEBTE MEENA, UND MEENA LIEBTE MICH.

SIE WAR FRÖHLICH UND WUNDERSCHÖN UND WIE EINE GROSSE SCHWESTER, DIE MIR ALLES BEIBRACHTE.

DIE EINZIGE, DIE IMMER DA WAR, WAR MEENA.

PA

MM

... DER MIR MEINE MEENA WEGNAHM UND SIE NACH ENGLAND SCHLEPPTE!

EIN ENGLISCHER ADLIGER...

WWTT

ABER DANN ...

... KAM ER...

WAS IST DENN PASSIERT?

DAS KÖNIGREICH BENGALEN GEHÖRT ZUM INDISCHEN REICH, WESHALB QUEEN VICTORIA DIE INNENPOLITIK OFFIZIELL UNS ÜBERLÄSST.

UND DANN, VOR CIRCA DREI MONATEN, TAUCHTE ER AUF, ALS GAST EINES POLITISCHEN BERATERS.

SWIRL

... SO DASS WIR IM GRUNDE NACH WIE VOR NICHT VIEL MEHR ALS EINE KOLONIE SIND.

ABER IN WAHRHEIT WIRD UNSER LAND VON DEN AUS ENGLAND ENTSANDTEN POLITISCHEN BERATERN KONTROLLIERT...

DER KERL SAH MEENA IN MEINEM PALAST, SIE GEFIEL IHM ...

UND EINES TAGES, ALS ICH GERADE DIE STADT INSPIZIERTE ...

... VERSCHWAND ER MIT IHR UND BRACHTE SIE GEWALTSAM NACH ENGLAND !!

GENAU!

DU BIST ALSO NACH ENGLAND GEKOMMEN, UM DIR DIESE FRAU ZURÜCKZUHOLEN?

UND DAS WERDE ICH AUCH, VERLASS DICH DRAUF!

Klipp und Oh... klar

SORRY, ABER HEUTE ABEND HABE ICH SCHON WAS VOR.

DENN IM GEGENSATZ ZU DIR BIN ICH EIN VIEL BESCHÄFTIG-TER MANN!

...

Ha Ha Ha

Also dann!

GEH LIEBER FRÜH SCHLAFEN, SONST WÄCHST DU NICHT, KLEINER CIEL!

...

SEHR WOHL.

WOSH

AGNI! GEHEN WIR!

STRAFF

111

112

SCHWUPP
AH!
DA BIST DU JA, EARL! HÖR MAL ...
HM?
GRUMMEL
JA?
FUNKEL
CRUSH
Nanu?
WAS IST DENN LOS, EARL?
STICHEL
HAST DU SCHLECHTE LAUNE?
KLAPPE!!
STAPF
STAPF
UND WEHE, DU LÄUFST MIR HINTERHER!!

Black
Butler

Bei Nacht:
Dieser Butler und die Beschattung

Black
Butler

... NUN JA.

OFFEN GESAGT WAREN MIR DIE BEIDEN VON ANFANG AN NICHT GANZ GEHEUER.

Du bist ja wirklich schwer gefragt, Earl!

SO WIE DIE SICH BENEHMEN, SCHEINT IHR GROLL AUF IHRE KOLONIALHERREN NICHT ALLZU GROSS ZU SEIN.

UND ANGENOMMEN, SIE HÄTTEN TATSÄCHLICH ETWAS GEGEN ANGLO-INDIANS, DANN WÄRE ES IMMER NOCH VIEL ZU RISKANT, SIE SO WAHLLOS ZU ÜBERFALLEN.

IN DIE SE FÄL LE DER OFF...
BOFF
UND...

MIR AUCH NICHT, ABER ...

Seit ich in London bin, krieg ich jeden Tag so was...

ABER ICH SEHE EINFACH NICHT, WAS DIESE ZWISCHENFÄLLE IHNEN FÜR VORTEILE BRINGEN.

← Einladung

INVITA
FLATZ

UND...

NA SCHÖN ...

Wenn ich nur daran denke, kommt mir gleich wieder die Galle hoch.

DAS WÄRE JA GERADE SO, ALS WÜRDEN SIE MICH AUFFORDERN, SIE ZU VERDÄCHTIGEN!

AUSSERDEM WÜRDEN SIE WOHL KAUM SO DEMONSTRATIV IN DIE NACHT VERSCHWINDEN, WENN SIE DIE TÄTER WÄREN.

Brrr...

WENN MAN IN ENGLAND INFOS BRAUCHT, GEHT MAN AM BESTEN IN DIE PUBS ODER KLUBS.

VON DAHER VERHALTEN SIE SICH VÖLLIG VERNÜNFTIG.

SIE SCHEINEN TATSÄCHLICH NUR NACH DIESER FRAU ZU SUCHEN ...

EIN UHR MORGENS ...

SCHLUNZ

ALSO SOLLTEN WIR AUCH LANGSAM ZURÜCKGEHEN.

ICH NEHME AN, SIE WERDEN SICH BALD AUF DEN NACHHAUSEWEG MACHEN.

PADAMM

KRUIK

GUT,
EHEN
R...

WARTET!

!

Bin ich
müde.

DA TUT
SICH
ETWAS.

SCHWUPP

JUNG
HER

ICH WEISS,
DASS AGNI
AB UND ZU
DAS HAUS
VERLÄSST,
WENN ICH
EINGE-
SCHLAFEN
BIN.

UND ICH
MÖCHTE
AUCH
WISSEN
...

... WAS
ER DA
EI-
GENT-
LICH
TREIBT.

DU
...?!

NEHMT
MICH MIT!

!

ABER
DAS IST
DOCH...

ER
IST IN
DIESES
GEBÄU-
DE GE-
GANGEN.

DARUM GEHT ES ALSO! JETZT VERSTEHE ICH, WAS DAHINTERSTECKT.

WO-RUM GEHT ES?

NA, NA, PRINZ. GEMACH, GEMACH.

WESSEN HAUS IST DAS?

... UND AUCH ICH...

IHR WERDET ES BALD VERSTEHEN ...

... UND DEN TATSACHEN INS AUGE SEHEN MÜSSEN, OB IHR NUN WOLLT ODER NICHT.

IHR ...

RICHTIG!
☆

Wessen Haus ist das?

»UND AUCH ICH« SOLL HEISSEN, IHR HABT EBENFALLS NICHT DIE GERINGSTE AHNUNG, NICHT WAHR?

ICH BIN IHM EINMAL WÄHREND EINER VERDECKTEN ERMITTLUNG BEGEGNET.

EIN ÄUSSERST SNOBISTISCHER UND WIDERWÄRTIGER MANN.

DIES IST DAS ANWESEN VON HAROLD WEST, EINEM GROSSHÄNDLER FÜR IMPORTARTIKEL.

MR WEST HANDELT VOR ALLEM MIT INDISCHEN GEWÜRZEN UND TEE.

WAS HAT AGNI DENN MIT SO EINEM KERL ZU SCHAFFEN?

IMPORTARTIKEL? DANN IST ER JA IM SELBEN BUSINESS TÄTIG WIE ICH.

ER BETREIBT EINEN GEMISCHTWARENHANDEL NAMENS »HAROLD TRADING« ...

... UND EIN HINDUSTANISCHES KAFFEEHAUS NAMENS »HAROLD WEST«.

DER INHABER, MR WEST, WAR ALLERDINGS GERADE ZUFÄLLIG NICHT DA UND KONNTE SO DEM ANSCHLAG ENTGEHEN, WIE ES HEISST.

AUSSERDEM WAREN DIE ERSTEN OPFER IM FALL DER KOPFÜBER AUFGEHÄNGTEN ANGLO-INDIANS STAMMKUNDEN SEINES KAFFEEHAUSES.

DENEN ZUFOLGE IMPORTIERT ER HAUPTSÄCHLICH WAREN AUS BENGALEN.

SEIN NAME TAUCHT IN DEN UNTERLAGEN AUF, DIE ICH BEI MEINER RECHERCHE ZUM FALL MEENA GELESEN HABE.

SEHR WOHL.

SST

NA SCHÖN... DANN SEHEN WIR WOHL LIEBER MAL NACH.

Mit einer 4.000 Jahre alten chinesischen Technik.

HACH... ICH HABE IHN DOCH NICHT GETÖTET, SONDERN NUR SCHLAFEN GELEGT.

...

Zitter

Seid ihr des Wah...!

TSS...

TSS...

HIER GEHT ES REIN!

CHILING

CHILING

Ähem...

DANN LOS, MACHEN WIR UNS AUF DIE SUCHE!

NA GUT.

ICH KANN STIMMEN AUS DEM 1. STOCK HÖREN.

GEHEN WIR MAL NACHSEHEN!

FLÜSTER

FLÜSTER

DRINNEN GIBT ES OFFENBAR KEINE WACHEN.

UND MIT HILFE DER >RECHTEN HAND GOTTES< WERDEN MEINE PLÄNE GANZ BESTIMMT AUFGEHEN.

...DANN WIRD MEENA...

WENN ICH EUREN PLAN WIE ABGEMACHT DURCHFÜHRE...

DREI JAHRE LANG HABE ICH DARAUF GEWARTET.

UND ICH WERDE ERFOLGREICH SEIN, VERLASS DICH DRAUF!

ERLEDIGE DEN KERL!!

AGNI!

UND DU BIST DER KERL...

...DER MIR MEENA WEGGENOMMEN HAT!

WORAUF WARTEST DU?

AGNI!

...

AGNI!

SETZ DIESEN SCHREIHALS VON EINEM PRINZEN VOR DIE TÜR!

PFF...

... OFFENBAR HABEN SIE ANGE- FANGEN ZU STREITEN.

HAAAAH

...

HAST DU NICHT GEHÖRT, WAS ICH DIR BE- FOHLEN HABE?

WAS ...?!

FLÜSTER

... ALLER- DINGS.

FLÜSTER

DAS IST EIN FALL FÜR DIE CITY POLICE.

ALSO BIST DU GAR NICHT DAFÜR ZUSTÄN- DIG, EARL.

ABER ES DENEN ZU SAGEN IST SO LÄSTIG, UND DANN MÜSSTEN WIR HIER AUF SIE WARTEN.

FLÜSTER

WIE'S SCHEINT, HAT DIE- SER FALL NICHTS MIT DER UNTER- WELT ZU TUN.

ABER DEM IN- HALT DES GESPRÄ- CHES NACH ZU SCHLIESSEN STEHT WOHL FEST, DASS MR WEST IN DEN FALL MIT DEN KOPFÜBER AUFGEHÄNGTEN VERWICKELT IST...

FLÜSTER

FLÜSTER

JA.

BITTE ÜBER- LASST DAS MIR!

ABER MR WEST KENNT EUCH BEIDE DOCH, ODER?

... UND UNS ZUSAMMEN MIT DIESEM TÖLPEL VON EINEM PRINZEN ZURÜCK- ZIEHEN.

WAS IN ORDNUNG WÄRE. ABER ICH DENKE, WIR SOLL- TEN WEST FÜRS ERSTE LAUFEN LASSEN...

EIN
HIRSCH?

Z U C K

VERNEIG

ICH
BIN EIN
HIRSCH
UND GE-
KOMMEN,
UM DIESEN
PRINZEN
ABZU-
HOLEN.

IEK!

WUPP

WE...
WE...
WE...
WER
IST DAS
DEEENN
...?!

Na...

NA SCHÖN, VERGISS DEN PRINZEN! ABER DER DA IST BESTIMMT EIN FEINDLICHER SPION!

LOS, AGNI!

...CH, ICH BIN LEDIGLICH EIN HIRSCH.

TÖTE IHN!!

WER BIST DU?!

Okay, man erkennt ihn nicht...

DEN AUSGESTOPFTEN HIRSCHKOPF AUFZUSETZEN WAR EINE TOLLE IDEE VON DEINEM BUTLER!

PAH, WAS SOLL DARAN DENN TOLL SEIN?

ICH BEFEHLE ES DIR!

WILLST DU UNSERE ABMACHUNG ETWA BRECHEN?!

TÖTEN...? ABER ICH KANN DOCH NICHT...

KEIN WORT MEHR!

DRIP

WWTT

ICH...

ICH...

DRIP

WWTT

TÖTE IHN!!

DER KERL HAT JA SCHON FAST ÜBERMENSCHLICHE KRÄFTE.

WAHNSINN, DIESER AGNI!

SAMADHI?

DAS WAR »SAMADHI«*.

EINE RELIGIÖSE PRAKTIK.

IM GRUNDE IST ES EINE ART TRANCE, NICHT WAHR?

WENN ER DAS EINSETZT, IST ER STÄRKER ALS JEDER ANDERE!

*EIN BEWUSSTSEINSZUSTAND, DER DURCH MEDITATION ERREICHT WIRD, ÜBER WACHEN, TRÄUMEN UND TIEFSCHLAF HINAUSGEHT UND IN DEM DAS DISKURSIVE DENKEN AUFHÖRT, SO DASS MAN VÖLLIG IM OBJEKT DER MEDITATION AUFGEHT.

UND DIE KREUZRITTER HABEN IM NAMEN IHRES GOTTES IN DEN SOGENANNTEN KREUZZÜGEN GANZE LÄNDER ÜBERRANNT.

DIE ALTEN WIKINGER ZUM BEISPIEL WURDEN IM NAMEN IHRES SCHICKSALSGOTTES ODIN ZU BERSERKERN.

MENSCHEN HABEN NÄMLICH DIE KURIOSE FÄHIGKEIT, IN BLINDEM VERTRAUEN SO STARK AN ETWAS ZU GLAUBEN, DASS SIE DABEI MÄCHTIGE KRÄFTE ENTWICKELN.

EINE KRAFT, ÜBER DIE UNSER-EINS NICHT VERFÜGT ...

ZU DIESER SORTE GEHÖRT ER AUCH.

... UND DIE AUS DER LIEBE UND DEM VERTRAU-EN ZU JEMAN-DEM ENT-STEHT.

MAN NENNT SIE AUCH »DIE KRAFT DES GLAUBENS«.

DURCH DEN BEDIN-GUNGS-LOSEN GLAU-BEN AN SEINEN »GOTT« SOMA ...

... ENT-WICKELT ER EINE GERADE-ZU ÜBER-MENSCH-LICHE KRAFT.

GROOOSH

WIE KANN ER MICH EINFACH SO IM STICH LASSEN ?!

ABER WIE-SO ...

MURMEL

... VER-RÄT ER MICH DANN ?

IHR WISST GENAU, DASS ES WAHR IST.

UND NUN, DA IHR DEN TAT-SACHEN INS AUGE BLICKEN MÜSST, SPIELT IHR DEN TRAGI-SCHEN HELDEN, RICHTIG?

PA

M

M

NATÜRLICH, ABER DAS WAR EIN LEERES VERSPRE-CHEN.

ABER ... ABER ...

ER HAT MIR DOCH VERSPRO-CHEN, IMMER BEI MIR ZU BLEIBEN...

Kicher

WAS FÜR EIN UN-REIFES KIND IHR DOCH SEID!

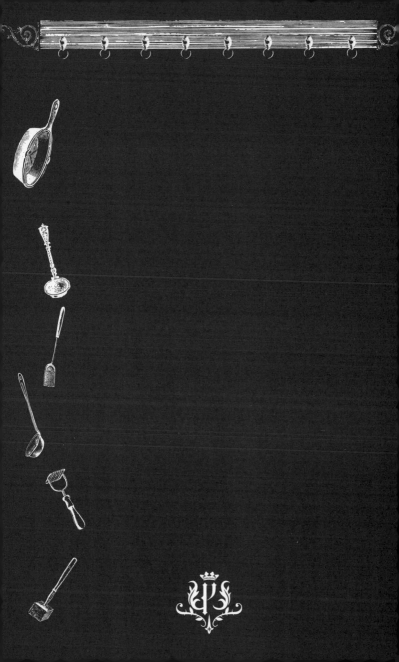

Black
Butler

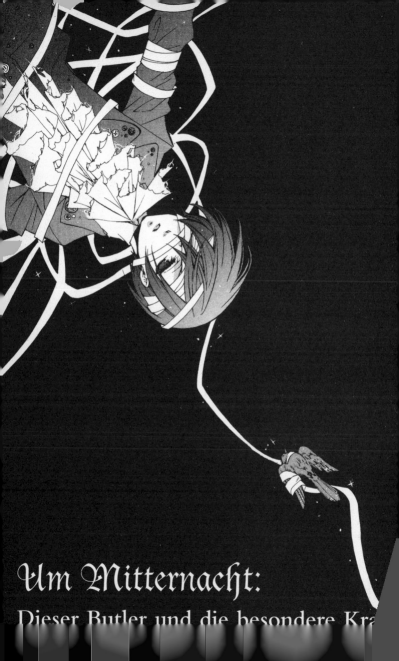

Um Mitternacht:
Dieser Butler und die besondere Kra

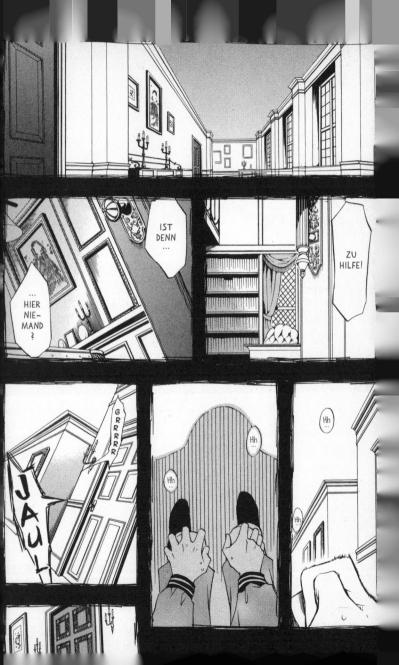

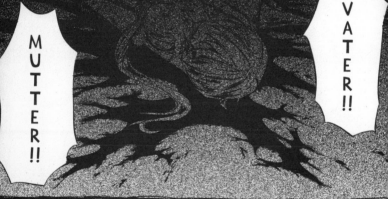

OH... DER GEFÄLLT MIR!

EINE ECHTE RARITÄT!

DEN NEHMEN WIR MIT, DER KANN UNS NOCH GELD BRINGEN!

DAFÜR ZAHLE ICH DIR DEN PREIS FÜR ZWEI!

DANKE.

ES GIBT GENUG EXZENTRIKER, DIE AUF SO WAS STEHEN.

UND NUN WERDE ICH DAS MAL DER ERHABENEN BESTIE AUFDRÜCKEN!

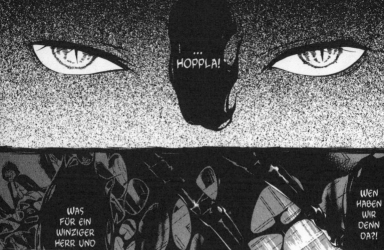

... HOPPLA!

WAS FÜR EIN WINZIGER HERR UND MEISTER!

WEN HABEN WIR DENN DA?!

UND DAS OPFER, MIT DEM IHR BEZAHLT, IST UNWIEDERBRINGLICH.

DAS LÄSST SICH NICHT MEHR RÜCKGÄNGIG MACHEN.

IHR HABT MICH GERUFEN.

WÄHLT!

ALSO!

ICH BEFEHLE ES DIR!!

TÖTE SIE!

BRIZZL

...

CIEL...?

WWTT

UND ICH WAR MACHT-LOS DA-GEGEN.

... SIE HABEN ...

... MEINE FAMILIE GETÖTET ...

... MEIN HAUS NIEDERGE-BRANNT UND MICH WIE EIN TIER GEDEMÜTIGT.

ICH WAR NUR EIN KIND.

ICH DACHTE, WENN EIN PHANTOMHIVE DEN LEUTEN IN DIE QUERE KÄME, DIE VOR DREI JAHREN DAS LETZTE FAMLIENOBER-HAUPT GETÖTET HABEN, DANN KÄ-MEN SIE IRGEND-WANN VON GANZ ALLEINE ZU MIR.

ALSO BIN ICH AN DIESEN ORT ZURÜCK-GEKEHRT, UM DIEJENI-GEN, DIE MIR ALL DAS AN-GETAN HABEN, IRGENDWANN GENAUSO ZU DEMÜTIGEN.

ABER ... WOZU DAS ALLES ...?

ALSO SITZE ICH HIER UND WARTE...

... DASS SIE HIERHER-KOMMEN, UM AUCH MICH ZU TOTEN.

ICH ABER ...

... LEBE NOCH UND STEHE AUS EIGENER KRAFT!

TRAUERN, WEINEN, SICH VER-GRABEN ...

WAS BRINGT DAS SCHON?

VER-GRABEN SIND AUCH DIE TOTEN.

NICHT DASS ICH DAS AUS EDELMUT TÄTE, UM MEINE FAMILIE ZU RÄCHEN.

KLIRZ

FÜR MICH IST DAS NUR EIN ZEITVERTREIB.

UND WENN ICH IRGENDWANN STERBE, MÖCHTE ICH MIT MIR IM REINEN SEIN!

... OB DIESE LEUTE GEWINNEN ODER ICH.

EINE ART GAME, BEI DEM ES DARUM GEHT...

... UND EINEN SPINNENFADEN SIEHT, AN DEM ER HINAUFKLETTERN KANN, GIBT NICHT AUF, SONDERN ERGREIFT IHN.

UND JEMAND, DER IN DER HÖLLE AM ABGRUND DER VERZWEIFLUNG STEHT...

ABER NATÜRLICH HÄNGT ES VON JEDEM SELBST AB...

... OB ER DEN FADEN ERGREIFT ODER NICHT.

DENN WIR SIND MENSCHEN, UND MENSCHEN HABEN DIESE KRAFT!

SEBASTIAN! ICH MUSS MIT DIR ÜBER WEST SPRECHEN!

ENDE DES GESPRÄCHS!

Komm mit!

JA.

CIEL!

»NATÜRLICH HÄNGT ES VON JEDEM SELBST AB, OB ER DEN FADEN ERGREIFT ODER NICHT ...«

ICH ... ... SCHÄME MICH.

DENN OBWOHL ICH FAST 17 BIN, BIN ICH VIEL WELTFREMDER UND DÜMMER ALS DU!

UND OBWOHL ICH BEMERKT HABE, DASS AGNI IRGENDETWAS BEDRÜCKT, HABE ICH NIE NACHGEFRAGT.

ICH WAR NUR EIN VERWÖHNTER BENGEL ...

... DER SICH KEINEN DEUT UM ANDERE SCHERTE.

ICH MÖCHTE DEN BEIDEN INS GESICHT SEHEN UND SIE FRAGEN, WARUM SIE MICH VERLASSEN HABEN.

ABER JETZT MÖCHTE ICH ES WISSEN.

LASS MICH DABEI SEIN!

ALSO BITTE!

KLIPP

ABGE-LEHNT!

UND

KLAR

... ÜBRIGENS ...

... HATTE ICH VON ANFANG AN VOR, DIE TÜR ZUM BESPRE-CHUNGS-ZIMMER OFFEN ZU LASSEN.

...

EIN DERART UNREIFES MASKOTT-CHEN WIE DICH KANN ICH NICHT BRAUCHEN.

Also dann...

...

SCHLING

CIEL!!

OOO

UWAH!

AUS DEM, WAS WEST GESAGT HAT, KÖNNEN WIR SCHLIESSEN...

DASS WEST AGNI MIT DEN ÜBERFÄLLEN AUF DIE ANGLO-INDIANS BEAUFTRAGT HAT, STEHT WOHL ZWEIFELSFREI FEST.

... DASS ER DAS GANZE SEIT DREI JAHREN PLANT, DASS SEIN PLAN IN EINER WOCHE VOLLENDET SEIN WIRD UND DASS ER AGNIS RECHTE HAND DAFÜR BRAUCHT.

DIESE DREI DINGE.

UND IN ANBETRACHT SEINER FÄHIGKEITEN KÖNNEN WIR DAVON AUSGEHEN, DASS ER ES ALLEIN GETAN HAT.

DER FÜR UNS ENTSCHEIDENDE FAKTOR IST, DASS DER PLAN »IN EINER WOCHE« VOLLENDET WERDEN SOLL.

SEBASTIAN!

WENN ER DIE »RECHTE HAND GOTTES« DAFÜR BRAUCHT, WILL ER JA VIELLEICHT IRGENDEINE GROSSE VERANSTALTUNG ÜBERFALLEN ODER SO.

Der 50. Jahrestag der Krönung der Königin war bereits.

WAS GIBT ES IN EINER WOCHE FÜR EVENTS IN LONDON?

ABER DA WINTER IST, SIND DIE MEISTEN EVENTS EIGENTLICH SCHON VORBEI.

... WAREN FÜR EIN KONZERT DES KIRCHENCHORES VON ST. SOPHIA IN WESTMINSTER ABBEY...

Hm...

IN EINER WOCHE?

DIE EINLADUNGSSCHREIBEN, DIE IHR BEKOMMEN HABT...

... UND FÜR EINE INTERNATIONALE MÜNZMESSE IM ENGLISCHEN MUSEUM.

... FÜR EINE AUSSTELLUNG ÜBER »DIE BLÜTE DER INDISCHEN KULTUR IM BRITISCHEN REICH« IM CRYSTAL PALACE...

... FÜR EINE WAGNERAUFFÜHRUNG IM OPERNHAUS VON COVENT GARDEN ...

KLAPPE! GIB MIR LIEBER EINE ZUSAMMENFASSUNG DES EVENTS!

ALSO WIRKLICH, JUNGER HERR! ALS ECHTER GENTLEMAN SOLLTET IHR DIE POST, DIE IHR BEKOMMT, SCHON GRÜNDLICH LESEN!

... WAS WAR DAS INDISCHE?

UND IHR WURDET EINGELADEN, AN DIESEM WETTBEWERB ALS EHRENPREISRICHTER TEILZUNEHMEN.

ALS TEIL DER AUSSTELLUNG IST UNTER ANDEREM EIN CURRYWETTBEWERB GEPLANT.

DIE IM CRYSTAL PALACE STATTFINDENDE AUSSTELLUNG »DIE BLÜTE DER INDISCHEN KULTUR IM BRITISCHEN REICH« KONZENTRIERT SICH AUF DIE VERDIENSTE ENGLANDS UM KULTUR UND PRODUKTION IN SEINER KOLONIE INDIEN.

... INDIEN ... CURRY ...

DAS REICHT!

SOLL ICH DIE EINLADUNGEN ZU PRIVATPARTYS UND EMPFÄNGEN NOCH EINMAL DURCHGEHEN?

Entnervt

BEI DIESEM WETTBEWERB KANN MAN DIE CURRYS VERSCHIEDENER FIRMEN PROBIEREN ...

... UND GERÜCHTEN ZUFOLGE HAT SOGAR DIE QUEEN, DIE JA ALS CURRYLIEBHABERIN BEKANNT IST*, IHRE TEILNAHME ZUGESAGT.

*WEGEN IHRER LIEBE ZU CURRY HATTE QUEEN VICTORIA SOGAR ZWEI INDISCHE KÖCHE IN IHREN DIENSTEN.

UND OB.

»DREI JAHRE«, EIN »CURRY-WETTBEWERB« UND DIE DENKWEISE DES MARKENVERLIEBTEN WEST. WENN MAN DAS ALLES KOMBINIERT, GIBT ES NUR EINE ANTWORT.

WIE'S SCHEINT, HAST DU SCHON DIE RICHTIGEN SCHLÜSSE GEZOGEN, EARL.

MOMENT MAL!

ICH VERSTEH GAR NICHTS!! ERKLÄRT MIR DIE SACHE GEFÄLLIGST VON ANFANG AN!!

WA, HA, HA. DANN BIST DU ALSO GANZ UMSONST NACH LONDON GEKOMMEN?!

ABER DASS SO ETWAS ALBERNES HINTER DIESEN ZWISCHENFÄLLEN STECKT, HÄTTE ICH NICHT GEDACHT.

Unfassbar ...

Ähem...

AUF DER SPEISEKARTE DES HINDUSTANISCHEN KAFFEEHAUSES, DAS WEST BETREIBT, STEHEN HAUPTSÄCHLICH CURRYS.

IHR HABT ALSO SCHON WIEDER NUR SO GETAN, ALS WÄRT IHR IM BILDE!

BITTE, EARL!

Sei so nett.

GRRR

RUHIG BLUT, PRINZ. DIE AUSFÜHRLICHE ERKLÄRUNG IN CHRONOLOGISCHER REIHENFOLGE KOMMT DOCH NOCH.

AH, VERSTEHE!

MIT ANDEREN WORTEN, WEST WILL MIT SEINEN CURRYS EIN »ROYAL WARRANT« GEWINNEN.

ACH JA.

DAS KONNT IHR JA NICHT WISSEN, PRINZ.

WAS IST DAS DENN?

»ROYAL WARRANT«?

?

MIT ANDEREN WORTEN, DAS »ROYAL WARRANT« IST EIN SYNONYM FÜR »QUALITÄT«.

Und mit ihm...

... DEN TITEL »HOF-LIEFERANT«, DEN DIE AUSGEWÄHLTEN GESCHÄFTE DANN ALS AUSHÄNGE-SCHILD BENUTZEN KÖNNEN.

... DAS »ROYAL WARRANT«.

IN ENGLAND GIBT ES EIN SEHR INTERESSANTES SYSTEM, BEI DEM DIE KÖNIGLICHE FAMILIE DEN GESCHÄFTEN, DEREN PRODUKTE SIE SCHÄTZT, EIN ZERTIFIKAT VERLEIHT...

DENN BESONDERS QUEEN VICTORIA GILT ALS TRENDSETZERIN, GANZ EGAL, OB ES NUN UM MODE, KOCHEN ODER ETWAS ANDRES GEHT.

BEI MANCHEN HOFLIEFERANTEN HABEN SICH DIE VERKAUFSZAHLEN VERDREIFACHT.

ICH ÜBERLEGE AUCH, MIT MEINEN SÜSS- UND SPIELWAREN EIN »ROYAL WARRANT« ZU BEANTRAGEN.

UND WENN EIN GESCHÄFT DAS »ROYAL WARRANT« ERHÄLT, KANN ES SICH DARAUF VERLASSEN, DASS SEINE VERKAUFSZAHLEN STEIGEN.

ABER WAS HAT DAS MIT DIESEN SELTSAMEN ZWISCHEN-FÄLLEN ZU TUN?

OKAY, DASS WEST DIESES »ROYAL WARRANT« HABEN WILL, HAB ICH VERSTANDEN.

Haaah...

TJA, UND JETZT, DA DER CURRY-BOOM WIEDER AM ABFLAUEN IST, IST DIESER TITEL NATÜRLICH GOLD WERT!

UM EIN »ROYAL WARRANT« ZU BE- KOMMEN, MUSS EIN GESCHÄFT ZWEI BE- DINGUNGEN ERFÜLLEN.

ERSTENS: ES MUSS EINEN WETT- BEWERB GEWINNEN, IN DEM DIE QUALITÄT DER WARE BESTÄTIGT WIRD.

ES MUSS DAS KÖNIGS- HAUS DREI JAHRE LANG GRATIS BELIEFERT HABEN.

UND ZWEI- TENS ...

... MÖCH- TE ER NUN MIT DIESEN ZWISCHEN- FÄLLEN SEINE RI- VALEN AUS DEM FELD SCHLAGEN, UM DEN CURRY- WETT- BEWERB IN EINER WOCHE ZU GEWINNEN.

MIT ANDEREN WORTEN: NACHDEM WEST DAS KÖNIGSHAUS DREI JAHRE LANG GRA- TIS BELIE- FERT HAT ...

DIE PAM- PHLETE, DIE AN DEN TATORTEN ZURÜCKGE- LASSEN WURDEN, WAREN NICHT NUR TARNUNG, SONDERN HABEN NOCH EINE ANDE- RE BEDEU- TUNG.

SST

FÜR SEINEN GOTT!

HÄ?

INDEM ER UNBETEILIGTE MILITÄRS HAT ÜBERFALLEN LASSEN, SCHIEBT WEST DIE AN- SCHLÄGE QUASI ENGLANDFEIND- LICHEN INDERN IN DIE SCHUHE.

UND MEENA HAT ER WAHR- SCHEINLICH BENUTZT, UM AGNI ZU ZWIN- GEN, BEI DIE- SEM TÖRICH- TEN PLAN MIT- ZUMACHEN.

NICK

SIR RANDALL HAT DAS ZWAR LAUTHALS ALS ZEICHEN DER VERHÖHNUNG ENGLANDS ABGETAN, ABER IN WAHRHEIT BEDEUTET ES ETWAS ANDERES.

ES STEHT FÜR DAS, WAS IHR ANBETET!

SIEHST DU DAS HIER?!

...ant of sloth and ...
...wild, path...
England is the m...
devils, it rob, yo...
forcing its worthle...
Arrogant culture...
This is for all the...
in this bitch-ruled...
deserve the vengeance...

Now, the day has com...

AH...

ABER FÜR AGNI, DER DIES GEZEICHNET HAT, GIBT ES NUR EINEN GOTT, NICHT WAHR?

EUER GOTT IST DIE GÖTTIN KALI...

... DIE MIT HERAUSGE-STRECKTER ZUNGE DARGESTELLT WIRD.

AGNI IST EUCH AUCH, NACHDEM ER EUCH VERLASSEN HAT, TREU ERGEBEN UND LEBT NUR FÜR EUCH, PRINZ.

ER TUT DIES ALLES FÜR DICH!

MIT DIESEM ZEICHEN SAGT ER DIR, DASS ER DICH ANBETET UND UM VERGEBUNG BITTET.

IHR HABT EINEN WIRKLICH AUSGEZEICHNETEN BUTLER.

... UND DEN REST DER CITY POLICE ÜBERLASSEN, NICHT WAHR?

DANN KÖNNEN WIR UNS JA JETZT ZURÜCKZIEHEN ...

Wie rührend.

EIN HAPPY END, EIN HAPPY END!

CLAP

CLAP

AGNI ...

WIR WISSEN JA NUN, DASS DIESER FALL NICHT IN UNSEREN ZUSTÄNDIGKEITSBEREICH FÄLLT.

UND DA ICH NICHT DIE WOHLFAHRT BIN, MACHE ICH ES AUCH NICHT UMSONST.

Huah

UND WAS SOLL DANN AUS AGNI... UND AUS MEENA WERDEN?!

Wa...

WARTET!!

TJA...

DAS IST DIE RICHTIGE EINSTELLUNG!

ALSO, DANN KANN ICH JA JETZT WIEDER MEINEN EIGENEN GESCHÄFTEN NACHGEHEN.

NA SCHÖN...

...

GNNN

ICH WERDE SCHON EINEN WEG FINDEN, DAS ALLEIN ZU REGELN.

DU HAST RECHT, DAS IST MEIN PROBLEM.

DAS HEISST, WENN MEINE FIRMA FUNTOM AN DEM WETTBEWERB TEILNIMMT UND GEGEN WEST GEWINNT...

... GEHÖRT DAS »ROYAL WARRANT« MIR UND MEINER FIRMA!

NACHDEM SIE MICH FÜR DIESEN LÄCHERLICHEN FALL EXTRA NACH LONDON ZITIERT HABEN...

... IST ES DOCH NUR RECHT UND BILLIG, WENN ICH MIR WENIGSTENS EIN TRINKGELD ABHOLE.

DAS »ROYAL WARRANT« ERHÄLT MAN NACH EINER DREIJÄHRIGEN GRATISBELIEFERUNG* UND NACH DEM GEWINN EINES WETTBEWERBS.

KNISTER

KNISTER

EINEN WETTBEWERB GIBT ES IN EINER WOCHE, UND WIE DAS GLÜCK ES WILL, SIND DIE GRÖSSTEN RIVALEN VERHINDERT.

*DIE BEDINGUNG BESAGT, DASS MAN ALS FIRMA (BZW. GESCHÄFT) DREI JAHRE LANG EINE AUSWAHL AN PRODUKTEN GRATIS AN DAS KÖNIGSHAUS GELIEFERT HABEN MUSS. DIE FIRMA FUNTOM HAT DIESE BEDINGUNG BEREITS DURCH GRATIS-LIEFERUNGEN VON SÜSS- UND SPIELWAREN ERFÜLLT.

STIMMT.

EINE BESSERE WERBUNG, UM SICH IN DER LEBENSMITTEL-BRANCHE ZU ETABLIEREN, KÖNNTE ES FÜR FUNTOM GAR NICHT GEBEN.

ICH HATTE BEREITS DARAN GEDACHT, MEINE GESCHÄFTE AUF DIE LEBENSMITTELBRANCHE AUSZUWEITEN, SOBALD ICH MIT SÜSS- UND SPIELWAREN HOFLIEFERANT GEWORDEN BIN. WENN ICH STATTDESSEN GLEICH ALS ERSTES EINEN LEBENSMITTEL-WETTBEWERB GEWÖNNE UND DAMIT HOFLIEFERANT WÜRDE, WÄRE DAS AUFSEHENERREGEND.

DAS ALLES BRAUCHE ICH DOCH GAR NICHT.

REICHT DIR DAS, UM EINEN CURRY-SPEZIALISTEN ZU FINDEN, ZUTATEN ZU BESORGEN UND EIN GESCHÄFT ZU ERÖFFNEN?

ABER DU HAST NUR NOCH EINE WOCHE, UM EINE LEBENSMITTELABTEILUNG AUFZUBAUEN.

HM?

Kyah!

WEIL EUER RIVALE AGNI HAT.

UND WIESO NICHT?

EINEN CURRY-WETTBEWERB GEGEN WEST...

UND DAMIT HAT ER AUCH DIE »RECHTE HAND GOTTES«!

... KÖNNT IHR GAR NICHT GEWINNEN!

GENAU DAS SAGE ICH DOCH! HIER GEHT ES NICHT UM IRGENDEIN FECHT-DUELL...

NUN, DIE »RECHTE HAND GOTTES« HAT ZWEIFELS-OHNE EINE ERSTAUNLI-CHE ZER-STÖRUNGS-KRAFT, ABER HIER GEHT ES NICHT UMS KÄMPFEN...

...SON-DERN UM EIN KOCH-DUELL!

...SON-DERN UMS KOCHEN!

NUR WEIL IHR AGNIS FÄHIGKEI-TEN NICHT KENNT.

ICH KANN EUCH NICHT GANZ FOL-GEN...

VER-ZEIHT, ABER ...

UND WEIL IHR NICHT WISST, WAS EIN RICHTIGES CURRY IST!

BEI EINEM RICHTIGEN CURRY HÄNGT ALLES VON DEN GEWÜRZEN AB.

ES GIBT HUNDERTE VON GEWÜRZEN, UND WELCHE MAN DAVON IN WELCHER MENGE UND MISCHUNG AUSWÄHLT... ENTSCHEIDET ÜBER GESCHMACK, SCHÄRFE, DUFT... EINFACH ÜBER ALLES!

Mit einer einzigen Berührung der Fingerspitzen wählt sie genau die richtigen Gewürze in der optimalen Menge und Mischung aus...

Aber Agnis rechte Hand ist dazu fähig.

Und da es unendlich viele Auswahlmöglichkeiten gibt, ist die Zubereitung eines wirklich guten Currys genauso schwierig wie die Entdeckung der Wahrheit im All.

... UND ZAUBERT EIN WUNDERBARES CURRY DARAUS.

... NENNT MAN AGNI BEI UNS NUR NOCH...

UND DA DAS ERSCHAFFEN EINER WELT AUS DEM NICHTS IN DIE SPHÄRE DES GÖTTLICHEN GEHÖRT...

187

BLACK BUTLER 4 / Ende

Black Butler

Mitwirkende

Wakana Haduki
Akiyo Satorigi
SuKe
Bell
Yuri Kisaki
*
Takeshi Kuma
*
Yana Toboso

Ein besonderes Dankeschön an:

Yana's Mother
Mayu Miyamoto (für die Hindi-Übersetzungen)
und Euch!

Im nächsten Band:

Yellow vs. Black Butler Butler

Ein glanzvoller Wettstreit!!

Kann ein Teufel, verloren in den unendlichen Weiten des Universums...

Kann dieser Butler ein leckeres Curry...

...zubereiten?

Und
dann...
taucht
wieder...
dieser
Mann
auf!!!

Seine besudelte
Vergangenheit
wird völlig
durcheinander-
geworfen...

Black Butler

TUT MIR
LEID, ABER
SO WER-
DET IHR
DIE KERLE
NIE BE-
SIEGEN!

...vom Strahl der Wahrheit getroffen werden?!

DAS
IST
MEIN
CURRY
!!

I-
G-
I-
T-
T
!!

Außerdem
bricht
für Ciel
ein neues
Kapitel
an...

HALT!

»Black Butler« ist eine japanische Serie, und in Japan wird
von »hinten« nach »vorn« und von rechts nach links gelesen.
Weil wir bei Carlsen Manga so originalgetreu wie möglich übernehmen,
erscheint auch »Black Butler« auf Deutsch in der ursprünglichen Leserichtung.
Man muss diesen Manga also »hinten« aufschlagen und Seite für Seite nach
»vorn« weiterblättern. Auch die Bilder auf jeder Seite und die Sprechblasen
innerhalb der Bilder werden von rechts oben nach links unten gelesen, so
wie in der Grafik gezeigt. Das ist gar nicht so schwer.
Viel Spaß mit »Black Butler«!

MIX
Papier
FSC FSC® C006701

CARLSEN MANGA • Deutsche Ausgabe/German Edition • Carlsen Verlag GmbH • Hamburg
2010 • Aus dem Japanischen von Claudia Peter • KUROSHITSUJI vol. 4 • © 2008 Yana Toboso
/ SQUARE ENIX CO., LTD. • First published in Japan in 2008 by SQUARE ENIX CO., LTD •
German translation rights in Germany arranged with SQUARE ENIX CO., LTD and CARLSEN
VERLAG GmbH through Tuttle-Mori Agency, Inc. • Redaktion: Britta Harms • Textbearbeitung:
Marcel Le Comte • Lettering: Susanne Mewing • Herstellung: Björn Liebchen • Druck und Bindung:
CPI books GmbH, Leck • Alle deutschen Rechte vorbehalten • ISBN 978-3-551-75306-9 • Printed
in Germany